CATALOGUE

DES

TABLEAUX ET DESSINS

MODERNES,

Composant le Cabinet de M. V. CLAUDE,

ET DES

Études, Dessins, Gravures, etc.,

Qui composaient son Atelier;

DONT LA VENTE AUX ENCHÈRES PUBLIQUES AURA LIEU,

Pour cause de décès,

Hôtel des Ventes Mobilières,

RUE DES JEUNEURS, N° 42,

Salle n. 1,

LES JEUDI 7 ET VENDREDI 8 AVRIL 1853,

heure de midi,

Par le ministère de Mᵉ **RIDEL**, Commissaire-Priseur,
rue Saint-Honoré, 335,

Assisté de **M. Francis PETIT**, Appréciateur,
boulevart Poissonnière, 24,

Chez lesquels se distribue le présent Catalogue.

EXPOSITION PUBLIQUE

Le Mercredi 6 Avril 1853, de midi à 5 heures.

PARIS

MAULDE & RENOU

IMPRIMEURS DE LA COMPAGNIE DES COMMISSAIRES-PRISEURS,
Rue de Rivoli prolongée.

1853

CONDITIONS DE LA VENTE.

Les acquéreurs paieront, en sus des adjudications, 5 p. 100 applicables aux frais.

PREMIÈRE VACATION.

DÉSIGNATION

DES

TABLEAUX MODERNES

ANDRÉ (Jules).

1 — Paysage. Le Bûcheron.
2 —   Id.   Le Chasseur.
3 — Dessous de bois.
4 — La Mare.

BARD.

5 — Buveurs.

BESSON (Faustin).

6 — La Main chaude.
7 — Le Galant jardinier.

BONHEUR ROSA.

8 — Vaches dans une prairie.

BRISSOT.

9 — Vue prise dans la forêt de Fontainebleau.

CHARLET,

10 — Le grand père.
11 — L'Étude.
12 — Tête de vieillard.
13 — Hallebardier.

CICERI (Eug.)

14 — Paysages. Commencement d'orage.
15 — Forêt de Fontainebleau.
16 — Soleil couchant. Étude.
17 — Dessous de bois.
18 — Le Pont.
19 — Paysage.

COIGNET (Jules.)

20 — Paysage.

COIGNARD.

21 — Intérieur de forêt avec animaux. Étude.
32 — Combat de taureaux. Étude.
23 — Paysage. Étude.
24 — Paysage avec animaux. Deux tableaux
faisant pendant.

COUDER (Aug.)

25 — Enfant jouant avec un papillon.

DARCY.

26 — Plage avec bateau.
27 — Cour de ferme.

DIAZ.

28 — Fleurs.

DUPRÉ (Jules).

29 — Ferme en Normandie.

DUVIEUX.

30 — Cour de cuisine.

DORCY (d'après).

31 — Jeunes filles. Deux têtes d'étude.

DUBOC (Ferdinand).

32 — Paysage, effet du soir.

FLERS.

33 — Paysage normand.

GUIGNET (Adrien).

34 — Paysage.

GUIGNET (attribué à).

35 — Paysage avec figures.

HOGUET.

36 — Vue de Suisse.

HUGGENS.

37 — Fleurs et éventail.

JACQUE.

38 — Basse-cour.
39 — Intérieur d'écurie avec cochons.
40 — Moulin.
41 — Étude.

JEANRON.

42 — Enfant jouant avec une chèvre.
43 — Le Sommeil.
44 — Jeune femme tenant des fleurs. Esquisse.
45 — Étude de femme.
46 — Femme couchée. Esquisse.
47 — Deux études de femme.
48 — Étude de jeune homme.

LARIVIÈRE.

49 — Tête d'enfant.

LEFORTIER.

50 — Paysage. Pêcheur.

LESSORE.

51 — Enfants jouant près d'une fontaine.

MARILHAT.

52 — Groupe de fleurs.
53 — Bords du Gardon.

N° 22 du Catalogue de sa vente.

54 — Étude prise aux environs d'Avignon.

N° 20 du Catalogue de sa vente.

MARILHAT (attribué à).

55 — Ferme en Normandie.

MASURE.

56 — Effet d'automne.

MILLET.

57 — Nymphe tourmentée par les amours.
58 — Femme portant son enfant.
59 — Le Repos.

MONGINOT.

60 — La rencontre au parc.

PLANSON.

61 — Nature morte.

ROUSSEAU (THÉODORE).

62 — Forêt de Fontainebleau.
63 — Paysage. Effet d'automne.
64 — Lisière de bois.

ROSSIGNON.

65 — La Vierge à la chaise. (Pastel de la dimen-
    sion du tableau original.)

SWEBACH (Ed.)

66 — Un Cheval échappé.
67 — Le Retour de la chasse.

TROYON.

68 — Paysage.

TOUDOUZE.

69 — Paysage. Le Meunier, son Fils et l'Ane.

TABLEAUX ET ÉTUDES

Par M. V. CLAUDE.

<table>
<tr><td>70</td><td>—</td><td>Enclos de ferme avec animaux.</td></tr>
<tr><td>71</td><td>—</td><td>Paysage. Lisière de forêt.</td></tr>
<tr><td>72</td><td>—</td><td>Habitation de bûcherons.</td></tr>
<tr><td>73</td><td>—</td><td>Paysage d'Auvergne.</td></tr>
<tr><td>74</td><td>—</td><td>Soleil couchant.</td></tr>
<tr><td>75</td><td>—</td><td>Lisière de bois, effet du soir.</td></tr>
<tr><td>76</td><td>—</td><td>Paysage. Canards effrayés par un chien.</td></tr>
<tr><td>77</td><td>—</td><td>Route traversant un bois.</td></tr>
<tr><td>78</td><td>—</td><td>Le Repos dans la forêt.</td></tr>
<tr><td>79</td><td>—</td><td>Prairie coupée par une rivière.</td></tr>
<tr><td>80</td><td>—</td><td>Soleil couchant. Étude.</td></tr>
<tr><td>81</td><td>—</td><td>Paysage avec animaux.</td></tr>
<tr><td>82</td><td>—</td><td>Paysage.</td></tr>
<tr><td>83</td><td>—</td><td>Intérieur de bois.</td></tr>
<tr><td>84</td><td>—</td><td>Quatre paysages. Vues diverses.</td></tr>
<tr><td>85</td><td>—</td><td>Trois　—　—</td></tr>
<tr><td>86</td><td>—</td><td>Cinq　—　—</td></tr>
<tr><td>87</td><td>—</td><td>Cinq　—　—</td></tr>
</table>

88 — Six paysages. Vues diverses.
89 — Cinq   —   —
90 — Six   —   —
91 — Six   —   —
92 — Six   —   —
93 — Sept   —   —
84 — Trois   —   —
95 — Cinq   —   —
96 — Cinq   —   —
97 — Dix   —   —
98 — Sept   —   —
99 — Neuf   —   —
100 — Dix   —   —
101 — Vingt-cinq études diverses.
102 — Dix-huit   —   —

Ces lots seront divisés.

103 — Cinquante et un panneaux préparés de diverses mesures.

104 — Quinze toiles préparés de diverses mesures.

Sous ce numéro seront vendus les articles non catalogués.

DÉSIGNATION

DES

TABLEAUX ANCIENS.

BAPTISTE MONNOYER.

105 — Bouquets de fleurs dans des vases.
    Deux tableaux faisant pendant.

106 — Riches compositions, fleurs et architecture.
    Beux tableaux faisant pendant.

107 — Vase de fleurs posé sur un balcon, à moitié
    couvert d'une tapisserie.

108 — Corbeille de fleurs.

109 — Quatre autres, compositions très-riches.

BOILLY.

110 — Le tondeur de chiens.

111 — La bonne mère.

112 — Portrait de M. Dubois (docteur), grisaille.

113 — Trois portraits, Vandael, Ommeganck,
    Oberkampf. (Grisailles.)

114 — La porte Saint-Denis et la porte Saint-Martin. Deux pendants.

BOUCHER (Style de).

115 — Deux fragments de dessus de porte.
116 — Enfants, grisaille.

BERGHEM (D'après).

117 — Le retour au village.

CHARPANTIER.

118 — Scène de famille.

CORTONE (Pierre de).

119 — Sainte Famille.

DROLING (Père).

120 — La maîtresse d'école.

Ce tableau est considéré comme l'un des plus importants de ce maître.

121 — Le repos.

DEMAY et BUDELOT.

122 — Paysage avec figures.

GÉRARD (Mlle).

123 — L'Amour et Psché.

124 — Intérieur de famille.

GREUZE.

125 — Portrait d'homme.

GREUZE (Pastiche de).

126 — Trois têtes de femmes.

GRIMMER (A.)

127 — Fête flamande.

GRIMOUX.

128 — Tête de femme.

GONZALÈS COCQUES.

129 — Portrait de femme.

GUIDE (D'après le).

130 — Le Dessin et la Peinture.
131 — Saint Sébastien.

KAYSER.

132 — Portrait de femme.

HUET.

133 — Cinq panneaux de tenture. Animaux et décors peints sur soie, provenant du boudoir d'une princesse de Condé.

LAFOSSE.

134 — Evocation.

LESUEUR (Genre de).

135 — Tête de Christ.

LÉPICIÉ.

136 — L'enfance de Sully.

MIGNARD (attribué à).

137 — Les princes de Lorraine.

MICHEL ANGE DES BATAILLES.

13 — Raisins.

MICHEL.

139 — Paysage.

PRUDHON (Attribué à).

140 — Sacrifice à l'hymen.
141 — La Justice.

RIOULT.

142 — Chèvre allaitant un enfant.

RIMBRANDT (d'après).

143 — Descente de Croix.
144 — Jésus devant Pilate.

SALVATOR ROSA (attribué à)

145 — Paysage.

SCHIDONE.

146 — Madeleine.

SWEBACK.

147 — Course de chevaux.

ECOLE FRANÇAISE.

148 — Portrait de femme.
149 —   dito   d'homme.

ECOLE FLAMANDE.

150 — Paysage maritime.

DEUXIÈME VACATION.

DÉSIGNATION

DES DESSINS.

ANDRÉ (JULES.)

151 — Bords de la Seine. Dessin.
152 — Environs de l'île Adam. Dessin.
153 — Paysage.   dito.

ANTONIN MOINE.

154 — Souvenir d'Orient. Pastel.

BOILLY.

155 — La Jeune mère. Lavis.

BARBIER (Mlle)

156 — Paysage, effet d'automne. Pastel.
157 — Paysage.   dito

CICERI.

158 — Trois dessins. Paysages. Études d'après
nature.

COLLIGNON.

159 — Tête de chat. Dessin.

DECAMPS.

160 — Étude de chariot. Dessin.

Fragment de la bataille des Cimbres.

161 — Anges tenant un voile étendu. Dessin

Fragment de la Fuite en Egypte.

162 — Étude de turc. Dessin.
163 — Tête de chien.   dito.
164 — Paysage. Pochade. Dessin.
165 — Entrée de carrière. Sepia.

DEVERIA.

166 — La Jeune Mère. Sépia.

DELACROIX (Aug.)

167 — Christ. Dessin.

GARNERAY (Hyp.)

168 — Port de Normandie. Aquarelle.

HÉROULT.

169 — Jeune fille des environs de Bordeaux.
160 — Vue prise à l'île Saint-Ouen. Aquarelle.
171 — Plage et Pécheurs.   dito.

JACQUE.

172 — L'Abreuvoir. Dessin.
173 — Ecuries.   dito.
174 — Paysage.   dito.

JOLY (A.)

175 — Quatre paysages. Vues diverses. Pastels.

FLERS.

176 — Paysage, effet d'orage. Des.in.
177 —   Dito   effet du soir.   dito.

LAZERGES.

178 — Étude de femme. Dessin.

LESSORE.

179 — Mendiant. Aquarelle.

MARILHAT.

170 — Bords du Nil. Dessin.
181 — Six croquis, costumes divers. Dessins.

RAFFET.

182 — Je fais crédit aujourd'hui. (Béranger).
Aquarelle.

SEVRIN.

183 — La grand'mère. Aquarelle.

TASSAERT.

184 — La Famille malheureuse. Dessin.

OWEN.

185 — Vue de Douvres. Aquarelle.

VERNET (CARLE).

185 — Tête de cheval. Dessin.

KELLIN.

186 — Donjon de Vincennes. Aquarelle.
187 — Deux paysages, environs de Paris. Aquarelles.

---

188 — Dessins et aquarelles modernes, par divers maîtres.

---

189 — Une série de paysages dessinés à la plume par Laroche.

---

190 — Dessins et études d'après nature, par M. Claude.

Paris. — Imp. MAULDE et RENOU, rue de Rivoli prolongée,
au coin de celle de l'Arbre-Sec.

www.ingramcontent.com/pod-product-compliance
Lightning Source LLC
LaVergne TN
LVHW051140060726
842526LV00006B/2148